BURGER

VON BEEF BIS VEGGIE

CARINA SEPPELT

BURGER

VON BEEF BIS VEGGIE

gesund & selbst gemacht

JAN THORBECKE VERLAG

VERLAGSGRUPPE PATMOS

PATMOS
ESCHBACH
GRÜNEWALD
THORBECKE
SCHWABEN

Die Verlagsgruppe
mit Sinn für das Leben

Für die Schwabenverlag AG ist Nachhaltigkeit ein wichtiger
Maßstab ihres Handelns. Wir achten daher auf den Einsatz umwelt-
schonender Ressourcen und Materialien.

Gestaltung: Finken & Bumiller, Stuttgart
Fotos: Studio Seiffe, Hamburg
Druck: Grafisches Centrum Cuno GmbH & Co. KG, Calbe
Hergestellt in Deutschland
ISBN 978-3-7995-1146-9 (Print)
ISBN 978-3-7995-1184-1 (eBook)

Die Autorin

Carina Seppelt, 1988 im Münsterland geboren, lebt heute ihren
Traumberuf als Foodstylistin und Rezeptentwicklerin. 2005 legte sie
den Grundstein mit ihrer Ausbildung zur Köchin und kann seit-
dem ihre kreative Ader mit köstlichen Gaumenfreuden verbinden.
Verschiedene Stationen im gesamten Bundesgebiet nutzte sie, um
Erfahrungen im Bereich Foodstyling zu sammeln. Seit 2013 arbeitet
sie deutschlandweit als freiberufliche Foodstylistin und Rezeptentwicklerin. Von ihr erschienen bei Thorbecke bereits „Endlich
Kürbiszeit!" und „Grünkohl neu entdeckt".

Die Fotos

Sämtliche Fotos stammen vom Studio Seiffe, Hamburg.
Der Jan Thorbecke Verlag dankt für die freundliche Genehmigung
zum Abdruck und die angenehme Zusammenarbeit, insbesondere
dem Fotografen Arvid Knoll.

Inhalt

EINER *für* ALLE

FÜR 4 PORTIONEN

leichte Knoblauch-Mayonnaise
➝ *siehe Rezept auf Seite 63*
BBQ-Sauce ➝ *siehe Rezept auf Seite 60*
4 Burgerbrötchen ➝ *siehe Rezepte auf Seite 47–51*
4 große Blätter Lollo-Bianco-Salat

Gemüse

1 Knoblauchzehe
1 kleine rote Chilischote
8 EL hochwertiges Olivenöl
1 kleine Zucchini
1 kleine Aubergine
grobes Meersalz
je eine kleine rote und gelbe Paprika
frisch gemahlener schwarzer Pfeffer

Rindfleischpattys

600 g Rindergehacktes
Salz
frisch gemahlener schwarzer Pfeffer

Tofu (als Alternative zu den Rindfleischpattys)

400 g Tofu
Salz
frisch gemahlener schwarzer Pfeffer

① Die leichte Knoblauch-Mayonnaise, die BBQ-Sauce und die Brötchen zubereiten.

② Den Salat waschen und trocken schleudern. Den Backofen auf 200 °C Ober-/Unterhitze vorheizen.

③ Die Knoblauchzehe schälen, die Chili halbieren und die Kerne entfernen, beides sehr fein hacken und mit dem Olivenöl verrühren.

④ Das Gemüse waschen und trocken tupfen. Die Zucchini und die Aubergine der Länge nach in ca. 0,5 cm dünne Scheiben schneiden. Die Aubergine leicht salzen. Die Paprika achteln, den Strunk und die Kerne entfernen. Einen Grill oder eine Grillpfanne erhitzen. Das Gemüse von beiden Seiten ca. 2–3 Minuten grillen. In eine Grillschale oder auf ein mit Backpapier ausgelegtes Backblech legen. Das Gemüse mit dem Knoblauch-Chili-Öl beträufeln und mit Salz und Pfeffer würzen. Auf dem Backblech im Backofen oder in der Grillschale auf dem Grill bis zum Servieren warm halten.

⑤ Das Rindfleisch mit Salz und Pfeffer würzen und zu vier gleich großen Pattys formen. Alternativ den Tofu in acht Scheiben schneiden und mit Salz und Pfeffer würzen. Beides in einer Grillpfanne oder auf einem Grill von jeder Seite ca. 4 Minuten grillen.

⑥ Die Brötchen halbieren, mit der Schnittfläche nach oben auf ein Backblech legen und im heißen Backofen ca. 4 Minuten toasten. Die Burgerbrötchen mit den Zutaten belegen und servieren.

THE *Asian*

siehe Rezepte auf Seite 47–51
siehe Rezept auf Seite 63

FÜR 4 PORTIONEN

4 Burgerbrötchen → *siehe Rezepte auf Seite 47–51*
leichte Wasabi-Mayonnaise → *siehe Rezept auf Seite 63*

Marinierte Hähnchenbrustfiletstücke

4 EL Rapsöl
4 EL Sojasauce
Saft von ½ Zitrone
500 g Hähnchenbrustfilets
50 g Sojasprossen
200 g Shiitakepilze
Salz
frisch gemahlener schwarzer Pfeffer

Weißkohlsalat

300 g Weißkohl
1 EL Salz
1 Knoblauchzehe
2 EL geräuchertes Sesamöl
1 EL Reisessig
½ Bund Koriander
100 g Gurke

Chili-Ingwer-Sauce

1 Knoblauchzehe
1 kleines Stück Ingwer (ca. 20 g)
1 rote Chilischote
1 EL Honig
300 ml Gemüsebrühe
2 EL Speisestärke
Salz
frisch gemahlener schwarzer Pfeffer

① Die Burgerbrötchen und die leichte Wasabi-Mayonnaise zubereiten.

② Das Rapsöl, die Sojasauce und den Zitronensaft miteinander verrühren. Das Hähnchenfleisch waschen, trocken tupfen und der Länge nach in ca. 0,5 cm dünne Scheiben schneiden. Das Fleisch in die vorbereitete Marinade legen und abgedeckt ca. 2 Stunden kalt stellen.

③ Den Weißkohl in sehr feine Streifen hobeln oder schneiden. Mit 1 EL Salz in einer Schüssel vermischen und ca. 15 Minuten beiseite stellen. Eine Knoblauchzehe schälen, fein hacken und mit dem Sesamöl und dem Essig verrühren. Den Koriander waschen, trocken tupfen, grob hacken und auch zur Essig-Öl-Mischung geben. Die Gurke waschen, trocken tupfen und in feine Streifen hobeln oder schneiden und dazugeben. Den Weißkohl in ein Küchensieb geben und mit kaltem Wasser abspülen. Ausdrücken und zum Öl geben. Bis zum Servieren abgedeckt kalt stellen.

④ Für die Chili-Ingwer-Sauce die Knoblauchzehe und den Ingwer schälen und hacken. Den Chili in sehr feine Ringe schneiden. Den Knoblauch, den Ingwer und den Chili mit dem Honig und der Gemüsebrühe in einen Topf geben und aufkochen. Die Speisestärke mit 4 EL kaltem Wasser vermischen und in die kochende Sauce rühren. Ca. 5 Minuten köcheln lassen. Mit Salz und Pfeffer abschmecken.

⑤ Den Backofen auf 200 °C Ober-/Unterhitze vorheizen.

⑥ Eine große Pfanne erhitzen. Das Fleisch darin von allen Seiten ca. 4 Minuten anbraten. Die Sprossen und die Shiitakepilze zugeben und weitere ca. 4 Minuten anbraten. Mit Salz und Pfeffer würzen.

⑦ Die Brötchen halbieren, mit der Schnittfläche nach oben auf ein Backblech legen und im heißen Backofen ca. 4 Minuten toasten. Mit den Zutaten belegen und servieren.

Funky
SALMON

FÜR 4 PORTIONEN

2 EL Burgersauce ➼ siehe Rezept auf Seite 61
4 Burgerbrötchen ➼ siehe Rezepte auf Seite 47–51

Grapefruit-Chutney

2 Grapefruits
1 Knoblauchzehe
1 Zwiebel
6–8 Zweige Thymian
2 EL Honig
1 EL Speisestärke
Salz
frisch gemahlener schwarzer Pfeffer

Belag

8 Blätter Kopfsalat
100 g Gurke

Lachsfilet

4 küchenfertige Lachsfilets (à ca. 125 g)
2 EL hochwertiges Olivenöl
grobes Meersalz
frisch gemahlener schwarzer Pfeffer

① Die Sauce und die Burgerbrötchen zubereiten. Den Backofen auf 180 °C Ober-/Unterhitze vorheizen.

② Für das Chutney die Grapefruits schälen und das Fruchtfleisch in Würfel schneiden. Den Knoblauch und die Zwiebel schälen, fein hacken und zusammen mit den Grapefruits in einen Topf geben. Die Thymianblättchen vom Stiel zupfen und mit dem Honig ebenfalls in den Topf geben. Alles zusammen aufkochen. Die Speisestärke mit 2 EL kaltem Wasser verrühren und in das kochende Chutney rühren. Nochmals ca. 5 Minuten leicht köcheln lassen. Mit Salz und Pfeffer abschmecken.

③ Den Salat und die Gurke waschen und trocken tupfen. Die Gurke in dünne Scheiben schneiden.

④ Das Lachsfilet waschen, trocken tupfen und auf ein mit Backpapier ausgelegtes Backblech legen. Auf jedes Lachsfilet ½ EL Olivenöl träufeln. Mit Salz und Pfeffer würzen und im Backofen ca. 8–10 Minuten garen.

⑤ Die Brötchen halbieren, mit der Schnittfläche nach oben auf ein Backblech legen und im heißen Backofen ca. 5 Minuten toasten. Die Burgerbrötchen mit den Zutaten belegen und servieren.

Super
TROUT

FÜR 4 PORTIONEN

Burgersauce ➛ siehe Rezept auf Seite 61
4 Burgerbrötchen ➛ siehe Rezepte auf Seite 47–51
1 kleiner Kopf Romana-Salat
2 mittelgroße Zwiebeln
1 kleiner Fenchel
2 Mini-Gurken (oder ca. 150 g Gurke)
2 EL Olivenöl
Salz
frisch gemahlener schwarzer Pfeffer
200 g geräucherte Forellenfilets
2 EL in Essig eingelegte Kapern

① Die Burgersauce und die Brötchen zubereiten. Den Backofen auf 200 °C Ober-/Unterhitze vorheizen.

② Den Salat waschen und trocken schleudern. Die Zwiebeln schälen, halbieren und in dünne Streifen schneiden. Den Fenchel und die Gurken waschen und trocken tupfen. Das Fenchelgrün hacken und beiseite legen. Den Fenchel putzen, der Länge nach halbieren, den Strunk keilförmig herausschneiden und den Fenchel in feine Streifen schneiden. Die Gurken der Länge nach in 0,5 cm dicke Scheiben schneiden.

③ Das Öl in einer Pfanne erhitzen. Die Zwiebeln und die Fenchelstreifen darin bei mittlerer Hitze ca. 5 Minuten anbraten. Die Gurken zugeben. Mit Salz und Pfeffer würzen.

④ Die Forellenfilets in walnussgroße Stücke zupfen und zusammen mit den Kapern in die Pfanne geben, vermengen und noch kurz mit anbraten, so dass das Forellenfilet etwas warm wird. Dann das Fenchelgrün zugeben.

⑤ Die Brötchen halbieren, mit der Schnittfläche nach oben auf ein Backblech legen und im heißen Backofen ca. 4 Minuten toasten. Die Burgerbrötchen mit Salat, Burgersauce, Gemüse und Forellenfilets belegen und servieren.

Ziegenpeter

FÜR 4 PORTIONEN

Burgersauce → siehe Rezept auf Seite 61
4 Burgerbrötchen → siehe Rezepte auf Seite 47–51

Apfel-Rosmarin-Chutney

1 rote Zwiebel
2 große Äpfel
2 Frühlingszwiebeln
2 EL Honig
Saft von ½ Zitrone
50 ml Apfelessig
50 ml Gemüsebrühe
2 Stiele Rosmarin
Salz
frisch gemahlener schwarzer Pfeffer

Rindfleischpattys

600 g Rindergehacktes
Salz
frisch gemahlener schwarzer Pfeffer
2 EL Pflanzenöl

Belag

8 Blätter Eisbergsalat
120 g Ziegenfrischkäserolle
einige Blätter Kresse
1 EL Rosa Pfefferbeeren

① Die Burgersauce und die Burgerbrötchen zubereiten. Den Backofen auf 200 °C Ober-/Unterhitze vorheizen.

② Für das Chutney die Zwiebel schälen und fein würfeln. Die Äpfel und die Frühlingszwiebeln waschen und trocken reiben. Die Äpfel in kleine Würfel und die Frühlingszwiebeln in Ringe schneiden. Beides zusammen mit dem Honig, dem Zitronensaft, dem Apfelessig und der Gemüsebrühe in einen Topf geben. Zum Kochen bringen. Die Rosmarinnadeln vom Stiel zupfen, sehr fein hacken und zum Chutney geben. Ca. 5 Minuten köcheln lassen. Mit Salz und Pfeffer würzen.

③ Das Hackfleisch mit Salz und Pfeffer würzen und daraus vier gleich große Pattys formen. Das Öl in einer Pfanne erhitzen und die Pattys darin von jeder Seite ca. 4 Minuten anbraten.

④ Die Brötchen halbieren, mit der Schnittfläche nach oben auf ein Backblech legen und im heißen Backofen ca. 4 Minuten toasten.

⑤ Den Salat waschen und trocken schleudern. Den Ziegenkäse in Scheiben schneiden. Eine weitere Pfanne erhitzen und den Ziegenkäse darin kurz von beiden Seiten anbraten. Die Burgerbrötchen mit den Zutaten belegen und servieren.

HAWAI-
Burger

FÜR 4 PORTIONEN

4 Burgerbrötchen → *siehe Rezepte auf Seite 47–51*
BBQ-Sauce → *siehe Rezept auf Seite 60*
leichte Curry-Ingwer-Mayonnaise
→ *siehe Rezept auf Seite 63*
2 Tomaten
2 Frühlingszwiebeln
1 kleiner Kopf Romana-Salat
¼ Ananas
1 Knoblauchzehe
2–3 Stiele Thymian
2 große Hähnchenbrustfilets
2 EL Pflanzenöl
grobes Meersalz
frisch gemahlener schwarzer Pfeffer
Shiso-Kresse

① Die Burgerbrötchen, die BBQ-Sauce und die leichte Curry-Ingwer-Mayonnaise zubereiten. Den Backofen auf 200 °C Ober-/Unterhitze vorheizen.

② Die Tomaten und die Frühlingszwiebeln waschen und trocken tupfen. Den Strunk der Tomaten entfernen und die Tomaten in Scheiben und die Frühlingszwiebeln in Ringe schneiden. Den Salat in kleinere Stücke zupfen, waschen und trocken schleudern. Das Gemüse bis zum Servieren zur Seite stellen.

③ Die Ananas schälen, vierteln, den Strunk entfernen und das Fruchtfleisch in dünne Scheiben schneiden. Die Knoblauchzehe schälen und sehr fein hacken. Die Thymianblättchen vom Stiel zupfen.

④ Die Hähnchenbrustfilets waagerecht halbieren und etwas platt klopfen. Das Öl in einer Pfanne erhitzen, die Hähnchenbrustfilets darin von jeder Seite ca. 4 Minuten anbraten, mit Salz und Pfeffer würzen. Bis zum Servieren im heißen Ofen warm halten. In der gleichen Pfanne die Ananasscheiben zusammen mit dem Knoblauch und dem Thymian von beiden Seiten ca. 3 Minuten anbraten.

⑤ Die Brötchen halbieren, mit der Schnittfläche nach oben auf ein Backblech legen und im heißen Backofen ca. 4 Minuten toasten. Die Burgerbrötchen mit den Zutaten belegen und servieren.

WALDLUST

FÜR 4 PORTIONEN

Burgersauce → siehe Rezept auf Seite 61
4 Burgerbrötchen → siehe Rezepte auf Seite 47–51
8 Blätter Romana-Salat

Pilze

250 g weiße Champignons
250 g Kräuterseitlinge
2 rote Zwiebeln
1 Knoblauchzehe
¼ Bund glatte Petersilie
2 EL hochwertiges Olivenöl
grobes Meersalz
frisch gemahlener schwarzer Pfeffer
100 ml Sahne

Pochierte Eier

3 EL Essig
4 Eier

① Die Burgersauce und die Burgerbrötchen zubereiten. Den Backofen auf 200 °C Ober-/Unterhitze vorheizen.

② Den Salat waschen und trocken schleudern. Die Pilze putzen und in ca. 0,5 cm dünne Scheiben schneiden. Die Zwiebeln und den Knoblauch schälen, beides fein hacken. Die Petersilie waschen, trocken tupfen und grob hacken. Das Öl in einer Pfanne erhitzen, die Pilze darin ca. 2 Minuten anbraten, dann die Zwiebeln und den Knoblauch zugeben und mitanbraten. Mit Salz und Pfeffer würzen. Die Sahne zugießen und kurz einkochen lassen. Die Petersilie zugeben und die Pilze auf kleiner Flamme warm halten.

③ In einem großen Topf 1 l Wasser mit dem Essig zum Sieden bringen (nicht kochen). Die Eier nacheinander in eine Tasse schlagen, dann einzeln vorsichtig ins Wasser „gießen". Die Eier im siedenden Essigwasser ca. 4–5 Minuten garen. Mit einer Schaumkelle vorsichtig aus dem Wasser nehmen und trocken tupfen.

④ Die Brötchen halbieren, mit der Schnittfläche nach oben auf ein Backblech legen und im heißen Backofen ca. 4 Minuten toasten. Die Burgerbrötchen mit den Zutaten belegen und servieren.

Tausendundeine NACHT

FÜR 4 PORTIONEN

4 Burgerbrötchen ➡ siehe Rezepte auf Seite 47–51
4 große Blätter Lollo-Bianco-Salat

Falafelpattys

200 g getrocknete Kichererbsen
¼ Bund glatte Petersilie
¼ Bund Koriander
1 Knoblauchzehe
1 Zwiebel
20 g weißer Sesam
Salz
frisch gemahlener schwarzer Pfeffer
4 EL Pflanzenöl

Minzquark

2–4 Stiele Minze
100 g Magerquark
Salz
frisch gemahlener schwarzer Pfeffer

Sesamsauce

1 Knoblauchzehe
½ TL Salz
1 EL Zitronensaft
½ TL Cumin (gemahlener Kreuzkümmel)
5 EL Tahin (Sesampaste)

In Balsamico gekochte Kohlrabi und Rote Bete

100 g Kohlrabi
100 g Rote Bete
50 ml Gemüsebrühe
2 EL Balsamico Bianco

① Die Kichererbsen über Nacht in mindestens 600 ml Wasser einweichen.

② Die Burgerbrötchen zubereiten. Den Salat waschen und trocken schleudern. Den Backofen auf 200 °C Ober-/Unterhitze vorheizen.

③ Für den Minzquark die Minze waschen und trocken tupfen, die Minzblätter vom Stiel zupfen, fein hacken und mit dem Quark verrühren. Mit Salz und Pfeffer abschmecken.

④ Für die Sesamsauce den Knoblauch schälen und zusammen mit dem Salz, dem Zitronensaft und dem Cumin im Mörser zu einer sehr feinen Paste mahlen. Die Paste mit der Tahin verrühren. 5 EL Wasser langsam unter ständigem Rühren zugeben, so dass eine glatte Sauce entsteht.

⑤ Den Kohlrabi und die Rote Bete schälen und beides in feine Streifen schneiden. Die Gemüsebrühe mit dem Balsamico aufkochen. Den Kohlrabi und die Rote Bete zugeben und ca. 5 Minuten köcheln lassen.

⑥ Für die Falafel die Petersilie und den Koriander waschen, trocken tupfen, die Blätter vom Stiel zupfen und grob hacken. Den Knoblauch und die Zwiebel schälen und beides fein hacken. Die Kichererbsen in einem Sieb abgießen. Zusammen mit dem Knoblauch, der Zwiebel, dem Sesam und den Kräutern in einer Küchenmaschine oder mit einem Pürierstab pürieren. Mit Salz und Pfeffer würzen. Aus der Masse vier gleich große Pattys formen. Das Öl in einer Pfanne erhitzen und die Falafelpattys darin von jeder Seite ca. 4 Minuten anbraten.

⑦ Die Brötchen halbieren, mit der Schnittfläche nach oben auf ein Backblech legen und im heißen Backofen ca. 5 Minuten toasten. Die Burgerbrötchen mit den Zutaten belegen und servieren.

Vive la
FRANCE!

FÜR 4 PORTIONEN

BBQ-Sauce → *siehe Rezept auf Seite 60*
4 Burgerbrötchen → *siehe Rezepte auf Seite 47–51*
60 g Rucola

Oliventapenade

90 g schwarze Oliven ohne Stein
1 Knoblauchzehe
2 EL hochwertiges Olivenöl

Fenchel-Tomaten-Gemüse

1 Fenchel (ca. 300 g)
1 Zwiebel
100 g getrocknete Tomaten in Öl
4–6 Stiele Thymian
grobes Meersalz
frisch gemahlener schwarzer Pfeffer

Rindfleischpattys

600 g Rindergehacktes
Salz
frisch gemahlener schwarzer Pfeffer
2 EL Pflanzenöl

①␣ Die BBQ-Sauce und die Brötchen zubereiten.

②␣ Den Backofen auf 200 °C Ober-/Unterhitze vorheizen.

③␣ Die Oliven in einem Küchensieb abtropfen, mit kaltem Wasser abspülen und trocken tupfen. Den Knoblauch schälen, fein hacken und zusammen mit den Oliven und dem Olivenöl in einen hohen Messbecher geben. Mit einem Pürierstab grob pürieren.

④␣ Den Rucola waschen und trocken schleudern. Den Fenchel putzen, das Fenchelgrün hacken und beiseite legen. Den Fenchel der Länge nach halbieren, den Strunk keilförmig herausschneiden und den Fenchel in feine Streifen schneiden.

⑤␣ Die Zwiebel schälen und fein hacken. Die Tomaten durch ein Sieb abtropfen, das Öl dabei auffangen. Die Tomaten würfeln. Die Thymian-blättchen vom Stiel zupfen. Das Tomatenöl in einer Pfanne erhitzen, die Zwiebeln und den Fenchel darin ca. 3–4 Minuten scharf anbraten. Den Thymian und die Tomaten zugeben. Mit Salz und Pfeffer würzen.

⑥␣ Das Hackfleisch mit Salz und Pfeffer würzen. Aus der Masse vier Pattys formen. Das Öl in einer Pfanne erhitzen und die Pattys darin von jeder Seite ca. 4 Minuten anbraten.

⑦␣ Die Brötchen halbieren, mit der Schnittfläche nach oben auf ein Backblech legen und im heißen Backofen ca. 4 Minuten toasten. Die Burgerbröt-chen mit den Zutaten belegen und servieren.

INKA=
BURGER

FÜR 4 PORTIONEN

4 Burgerbrötchen ⇢ *siehe Rezepte auf Seite 47–51*
½ Rezept Coleslaw ⇢ *siehe Rezept auf Seite 56*
8 große Blätter Kopfsalat
2 Tomaten
1 rote Zwiebel

Quinoa-Brokkoli-Pattys

75 g Quinoa
Salz
½ kleiner Brokkoli (ca. 200 g)
1 Knoblauchzehe
50 g Cashewkerne
4 EL Olivenöl
frisch gemahlener schwarzer Pfeffer
1 Ei
1 EL Speisestärke

① Die Brötchen und den Coleslaw zubereiten.

② Den Backofen auf 200 °C Ober-/Unterhitze vorheizen.

③ Die Quinoa in ein feines Küchensieb geben und mit kaltem Wasser abwaschen. 200 ml Wasser zum Kochen bringen. Salz und Quinoa zugeben und ca. 25 Minuten köcheln lassen.

④ In der Zwischenzeit den Brokkoli putzen, in kleine Röschen zerteilen und in kochendem Salzwasser ca. 7 Minuten bissfest kochen. Den Brokkoli abgießen, mit kaltem Wasser abschrecken und möglichst trocken tupfen. Den Knoblauch schälen und fein hacken. Den Brokkoli und die Cashewkerne grob hacken. 2 EL Olivenöl in einer Pfanne erhitzen, den Knoblauch, die Cashewkerne und den Brokkoli darin ca. 4 Minuten scharf anbraten, dann in eine Schüssel geben. Die gekochte Quinoa zugeben. Mit Salz und Pfeffer würzen. Lauwarm abkühlen lassen.

⑤ Das Ei verquirlen und zusammen mit der Speisestärke zur Masse geben. Gut vermengen. 2 EL Öl in einer großen Pfanne erhitzen. Aus der Masse vier gleich große Pattys formen und im heißen Öl von jeder Seite ca. 4 Minuten kross anbraten.

⑥ Den Kopfsalat waschen und trocken schleudern. Die Tomaten waschen, die Zwiebel schälen und beides in Scheiben schneiden.

⑦ Die Brötchen halbieren, mit der Schnittfläche nach oben auf ein Backblech legen und im heißen Backofen ca. 4 Minuten toasten. Die Burgerbrötchen mit den Zutaten belegen und servieren.

Erbsenzähler

FÜR 4 PORTIONEN

4 Burgerbrötchen →siehe Rezepte auf Seite 47–51
Ketchup →siehe Rezept auf Seite 60
einige Blätter Petersilie zum Garnieren

Kartoffel-Karotten-Bratlinge

300 g mehligkochende Kartoffeln
300 g Karotten
Salz
50 g Haferflocken
20 g gepuffter Amarant
frisch gemahlener schwarzer Pfeffer
2 EL hochwertiges Olivenöl

Erbsenpüree

300 g TK-Erbsen
1 Knoblauchzehe
1 EL Limettensaft
2 EL Olivenöl
Salz
frisch gemahlener schwarzer Pfeffer

Chicorée

3 kleine Chicorée
80 g Walnüsse
2 EL hochwertiges Olivenöl
½ TL Chiliflocken
½ TL brauner Vollrohrzucker
grobes Meersalz
100 ml Gemüsebrühe
frisch gemahlener schwarzer Pfeffer

① Die Burgerbrötchen und das Ketchup zubereiten.

② Die Kartoffeln und die Karotten schälen, beides in walnussgroße Stücke schneiden und zusammen in kochendem Salzwasser ca. 20 Minuten weich kochen.

③ In der Zeit das Erbsenpüree zubereiten. Die Erbsen in kochendem Salzwasser ca. 6 Minuten kochen. In einem Küchensieb abgießen und mit kaltem Wasser abschrecken. Gut abtropfen. Den Knoblauch schälen, fein hacken und zusammen mit den Erbsen, dem Limettensaft und dem Olivenöl fein pürieren. Mit Salz und Pfeffer abschmecken.

④ Den Backofen auf 160 °C Ober-/Unterhitze vorheizen. Die Kartoffeln und Karotten abgießen, 4–5 Minuten ausdampfen lassen, dann in einem Topf mit einem Kartoffelstampfer fein stampfen. Die Haferflocken und den Amarant zugeben. Mit Salz und Pfeffer würzen. 2 EL Öl in einer großen Pfanne erhitzen. Aus der Kartoffel-Karotten-Masse vier gleich große Pattys formen und im heißen Öl von jeder Seite ca. 4 Minuten goldbraun anbraten. Bis zum Servieren auf ein mit Backpapier ausgelegtes Backblech legen und im vorgeheiztem Ofen warm halten.

⑤ Den Chicorée mit warmem Wasser abspülen, mit einem kleinem Messer den Strunk entfernen. Den Chicorée in ca. 0,5 cm dünne Scheiben schneiden. Die Walnüsse grob hacken. Das Öl in einer großen Pfanne erhitzen, die Walnüsse und den Chicorée darin scharf anbraten. Mit Chiliflocken, braunem Zucker, Salz und Pfeffer würzen. Mit der Brühe ablöschen und etwas einkochen lassen.

⑥ Die Brötchen halbieren, mit der Schnittfläche nach oben auf ein Backblech legen und im heißen Backofen ca. 6 Minuten toasten. Die Burgerbrötchen mit den Zutaten belegen, mit Petersilie garnieren und servieren.

PULLED CHICKEN BURGER

FÜR 4 PORTIONEN

4 Burgerbrötchen → siehe Rezepte auf Seite 47–51
BBQ-Sauce → siehe Rezept auf Seite 60
1 kleiner Romana-Salat
2 Tomaten
100 g Gurke

Pulled Chicken

100 g Ketchup → siehe Rezept auf Seite 60
2 Zwiebeln
1 Knoblauchzehe
800 g Hähnchenbrustfilet
Salz
frisch gemahlener schwarzer Pfeffer
Paprikapulver
Cayennepfeffer
500 ml alkoholfreies Hefeweizen

① Das Ketchup für das Fleisch und die BBQ-Sauce zubereiten.

② Den Backofen auf 100 °C Ober-/Unterhitze vorheizen. Die Zwiebeln und den Knoblauch schälen und beides sehr fein hacken. Das Fleisch waschen, trocken tupfen und in eine feuerfeste Form legen. Das Fleisch mit Salz, Pfeffer, Paprikapulver und Cayennepfeffer würzen. Die Zwiebeln und den Knoblauch zugeben. Das Bier in den Bräter gießen und das Fleisch im vorgeheizten Backofen 5–6 Stunden garen.

③ In der Zwischenzeit die Brötchen und die BBQ-Sauce vorbereiten.

④ Den Salat putzen, waschen und trocken schleudern. Die Tomaten und die Gurke waschen, trocken tupfen und beides in Scheiben schneiden. Das Gemüse bis zum Servieren abgedeckt kalt stellen.

⑤ Das Fleisch aus dem Ofen nehmen. Den Backofen auf 200 °C Ober-/Unterhitze vorheizen. Das Fleisch mit einer Gabel aus dem Bräter nehmen, 5 Minuten ruhen lassen. Dann auf einem Küchenbrett mit zwei Gabeln zerzupfen. 100 ml von der Flüssigkeit aus dem Bräter zusammen mit dem Ketchup aufkochen. Vom Herd nehmen, das gezupfte Fleisch zugeben, gut vermengen und mit Salz und Pfeffer abschmecken.

⑥ Die Brötchen halbieren, mit der Schnittfläche nach oben auf ein Backblech legen und im heißen Backofen ca. 4 Minuten toasten. Das Fleisch nochmals kurz erhitzen. Die Burgerbrötchen mit den Zutaten belegen und servieren.

TIKKA-MASALA-
BURGER

FÜR 4 PORTIONEN

4 Burgerbrötchen → *siehe Rezepte auf Seite 47–51*
geräucherte Paprika-Mayonnaise
→ *siehe Rezept auf Seite 63*
8 große Blätter Eisbergsalat

Gebratene Mango und Zuckerschoten

100 g Zuckerschoten
grobes Meersalz
1 EL hochwertiges Olivenöl
½ Mango
3–4 Stiele Thymian
frisch gemahlener schwarzer Pfeffer

Tikka-Masala-Pattys

1 Knoblauchzehe
1 kleines Stück Ingwer (ca. 20 g)
2 EL Joghurt
2 EL Tomatenmark
½ TL gemahlener Koriander
½ TL Cayennepfeffer
½ TL Kreuzkümmel
½ TL Zimt
½ TL Curry
¼ TL Salz
2 EL Haferflocken
3 EL Pflanzenöl
1 Ei
500 g Hähnchenbrustfilet

① Die Brötchen und die geräucherte Paprika-Mayonnaise zubereiten.

② Den Backofen auf 200 °C Ober-/Unterhitze vorheizen.

③ Den Salat waschen und trocken schleudern. Die Zuckerschoten in kochendem Salzwasser ca. 3 Minuten blanchieren. In einem Küchensieb abgießen und mit kaltem Wasser abschrecken.

④ Für die Pattys den Knoblauch und den Ingwer schälen, beides sehr fein hacken und mit dem Joghurt, dem Tomatenmark, den Gewürzen, den Haferflocken, 1 EL Öl und dem Ei verrühren.

⑤ Das Hähnchenfleisch waschen, trocken tupfen und durch einen Fleischwolf drehen. Falls kein Fleischwolf vorhanden ist, das Fleisch sehr fein würfeln. Das Fleisch mit der Joghurt-Haferflockenmischung vermengen. Aus der Masse vier gleich große Pattys formen. 2 EL Öl in einer großen Pfanne erhitzen und die Pattys darin von jeder Seite ca. 4 Minuten anbraten. Die Pattys herausnehmen und auf ein mit Backpapier ausgelegtes Backblech legen. Die Brötchen halbieren und mit auf das Backblech legen. Beides im heißen Backofen ca. 3 Minuten zu Ende garen bzw. toasten.

⑥ In der Zwischenzeit die Zuckerschoten trocken tupfen, 1 EL Öl in einer Pfanne erhitzen und die Zuckerschoten darin ca. 2 Minuten scharf anbraten. Die Mango schälen und vom Kern schneiden. Das Fruchtfleisch in ca. 0,5 cm dünne Scheiben schneiden und zu den Zuckerschoten geben. Die Thymianblättchen vom Stiel zupfen und in die Pfanne geben. Mit Salz und Pfeffer würzen.

⑦ Die Burgerbrötchen mit allen Zutaten belegen und servieren.

CAPTAIN
Cod

FÜR 4 PORTIONEN

4 Burgerbrötchen ➝ *siehe Rezepte auf Seite 47–51*
Burgersauce ➝ *siehe Rezept auf Seite 61*
60 g Rucola
100 g Wakame-Salat mit Sesam (Asialaden)

Kabeljaupattys

1 kleine Zwiebel
600 g küchenfertige Kabeljaufilets
Saft von ½ Limette
2 Eier
½ Bund Dill
6 EL Vollkornsemmelbrösel
Salz
2 EL hochwertiges Olivenöl

Gegrillte Wassermelone

200 g Wassermelone (ohne Schale)
grobes Meersalz
frisch gemahlener schwarzer Pfeffer

①　Die Burgerbrötchen und die Burgersauce zubereiten.

②　Den Backofen auf 160 °C Ober-/Unterhitze vorheizen.

③　Den Rucola waschen und trocken schleudern. Die Zwiebel schälen und grob hacken. Die Fischfilets waschen, trocken tupfen und in walnussgroße Stücke schneiden. Die Zwiebel, den Fisch, den Limettensaft und die Eier in einer Küchenmaschine zerhacken. Nicht zu lange, da die meisten Küchenmaschinen schnell heiß laufen und der Fisch dann schon beginnt zu garen. Den Dill waschen, grob hacken und zusammen mit den Semmelbröseln unter die Fischmasse rühren. Mit Salz würzen.

④　Aus der Masse vier gleich große Pattys formen. Das Öl in einer großen Pfanne erhitzen und die Pattys darin von jeder Seite ca. 4 Minuten anbraten. Die Pattys herausnehmen und auf ein mit Backpapier ausgelegtes Backblech legen. Die Brötchen halbieren und mit auf das Backblech legen. Beides im heißen Backofen ca. 3 Minuten zu Ende garen bzw. toasten.

⑤　In der Zwischenzeit die Wassermelone in ca. 0,5 cm dünne Scheiben schneiden, eine Grillpfanne sehr hoch erhitzen und die Wassermelone darin von beiden Seiten ca. 30 Sekunden anbraten. Mit Salz und Pfeffer würzen.

⑥　Die Burgerbrötchen mit allen Zutaten belegen und servieren.

Don Caprese

FÜR 4 PORTIONEN

4 Burgerbrötchen → *siehe Rezepte auf Seite 47–51*
Ketchup → *siehe Rezept auf Seite 60*
8 große Blätter Kopfsalat
2 Tomaten
1 Kugel Büffelmozzarella

Basilikumsauce

50 g Sonnenblumenkerne
1 Bund Basilikum
1 Knoblauchzehe
80 ml hochwertiges Olivenöl
Salz
frisch gemahlener schwarzer Pfeffer

Rindfleischpattys

600 g Rindergehacktes
Salz
frisch gemahlener schwarzer Pfeffer
2 EL Pflanzenöl

① Die Burgerbrötchen und das Ketchup zubereiten.

② Den Backofen auf 200 °C Ober-/Unterhitze vorheizen.

③ Den Salat und die Tomaten waschen, die Tomaten trocken tupfen, den Salat trocken schleudern.

④ Für die Basilikumsauce die Sonnenblumenkerne in einer Pfanne ohne Fett rösten, anschließend grob hacken. Das Basilikum waschen, trocken schleudern und grob hacken. Den Knoblauch schälen, fein hacken und zusammen mit dem Basilikum, den Sonnenblumenkernen und dem Olivenöl in ein hohes Gefäß geben und mit einem Pürierstab grob pürieren. Mit Salz und Pfeffer würzen.

⑤ Das Hackfleisch mit Salz und Pfeffer würzen und zu vier gleich großen Pattys formen. Das Pflanzenöl in einer großen Pfanne erhitzen und die Pattys darin von jeder Seite ca. 4 Minuten anbraten.

⑥ Die Tomaten und den Mozzarella in ca. 1 cm dicke Scheiben schneiden.

⑦ Die Brötchen halbieren, mit der Schnittfläche nach oben auf ein Backblech legen und im heißen Backofen ca. 4 Minuten toasten. Die Burgerbrötchen mit den Zutaten belegen und servieren.

SURF and TURF BURGER

FÜR 4 PORTIONEN

4 Burgerbrötchen
→ siehe Rezepte auf Seite 47–51
BBQ-Sauce
→ siehe Rezept auf Seite 60
leichte Knoblauch-Mayonnaise
→ siehe Rezept auf Seite 63
1 kleiner Romana-Salat
4 lange Holzspieße

Gemüse

1 gelbe Paprika
50 g Zuckerschoten
Salz
1 Zwiebel
150 g getrocknete Tomaten in Öl
1 Knoblauchzehe

Garnelen und Rinderfilet

500 g Rinderfilet
4 küchenfertige Black-Tiger-Garnelen
2 EL hochwertiges Olivenöl
Salz
frisch gemahlener schwarzer Pfeffer

① Die Burgerbrötchen, die BBQ-Sauce und die leichte Knoblauch-Mayonnaise zubereiten.

② Den Backofen auf 160 °C Ober-/Unterhitze vorheizen.

③ Den Salat und die Paprika waschen, den Salat trocken schleudern, die Paprika trocken tupfen. Die Zuckerschoten in kochendem Salzwasser ca. 3 Minuten blanchieren, dann in ein Küchensieb abgießen und mit kaltem Wasser abschrecken. Die Zuckerschoten trocken tupfen. Die Paprika vierteln, die Kerne entfernen und das Fruchtfleisch in Streifen schneiden. Die Zwiebel schälen und fein würfeln. Die Tomaten abgießen, das Öl dabei auffangen. Die Tomaten in Streifen schneiden. Den Knoblauch schälen und in dünne Scheiben schneiden.

④ Das Rinderfilet und die Garnelen waschen und trocken tupfen. Das Filet gegen die Faser in 4 gleich dicke Stücke schneiden. Das Olivenöl in einer Pfanne erhitzen, das Fleisch darin von jeder Seite ca. 2 Minuten scharf anbraten. Mit Salz und Pfeffer würzen. Das Fleisch herausnehmen und auf ein mit Backpapier ausgelegtes Backblech legen.

⑤ Die Brötchen halbieren und mit auf das Backblech legen. Beides im heißen Backofen ca. 6 Minuten zu Ende garen bzw. toasten.

⑥ In der Zwischenzeit in der gleichen Pfanne die Garnelen ca. 3 Minuten scharf anbraten und mit Salz würzen.

⑦ Das aufgefangene Tomatenöl in einer weiteren großen Pfanne erhitzen. Die Paprika, die Zuckerschoten, den Knoblauch und die Zwiebeln zugeben und ca. 3 Minuten scharf anbraten. Die Tomatenstreifen zugeben und mit Salz und Pfeffer würzen.

⑧ Jeweils eine Garnele auf einen Spieß stecken. Die Burgerbrötchen mit den Zutaten belegen, jeweils einen Spieß in den Deckel spießen und servieren.

HÄHNCHEN-
AVOCADO-
Burger

FÜR 4 PORTIONEN

4 Burgerbrötchen → siehe Rezepte auf Seite 47–51
Burgersauce → siehe Rezept auf Seite 61
Ketchup → siehe Rezept auf Seite 60
4 große Blätter Lollo Bianco
1 reife Avocado
2 EL Olivenöl
4 Eier
Salz
frisch gemahlener schwarzer Pfeffer
1 TL Rosa Pfefferbeeren

Hähnchenpattys

600 g Hähnchenbrustfilet
Salz
frisch gemahlener schwarzer Pfeffer
3 EL hochwertiges Olivenöl

① Die Burgersauce, die Burgerbrötchen und das Ketchup zubereiten.

② Den Backofen auf 160 °C Ober-/Unterhitze vorheizen.

③ Den Salat waschen und trocken schleudern. Das Hähnchenfleisch waschen, trocken tupfen und durch einen Fleischwolf drehen. Falls kein Fleischwolf vorhanden ist, das Fleisch sehr fein würfeln. 1 EL Öl zum Fleisch geben und mit Salz und Pfeffer würzen. Aus dem Hackfleisch vier gleich große Pattys formen. 2 EL Öl in einer großen Pfanne erhitzen und die Pattys darin von jeder Seite ca. 4 Minuten anbraten. Die Pattys herausnehmen und auf ein mit Backpapier ausgelegtes Backblech legen.

④ Die Brötchen halbieren und mit auf das Backblech legen. Beides im heißen Backofen ca. 3 Minuten zu Ende garen bzw. toasten.

⑤ Die Avocado halbieren, den Kern entfernen, die Avocado schälen und das Fruchtfleisch in Scheiben schneiden. 2 EL Olivenöl in einer weiteren Pfanne erhitzen, darin vier Spiegeleier braten. Mit Salz und Pfeffer würzen.

⑥ Die Burgerbrötchen mit den Zutaten belegen, mit Rosa Pfefferbeeren bestreuen und servieren.

TOFU
Supreme

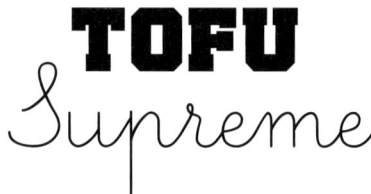

FÜR 4 PORTIONEN

4 Burgerbrötchen → siehe Rezepte auf Seite 47–51
8 große Blätter Eisbergsalat
100 g Gurke
4–6 Stiele Petersilie

Rote-Bete-Dip

150 g gekochte und vakuumierte Rote Bete
80 g Ziegenfrischkäse
Salz
frisch gemahlener schwarzer Pfeffer

Tofunuggets

½ Bund Koriander
400 g Tofu
80 g Mandelmus
4 EL Sojasauce
Saft von ½ Zitrone
½ TL Cayennepfeffer
½ TL Kreuzkümmel
Salz
frisch gemahlener schwarzer Pfeffer
200 g Haferflocken
4 EL hochwertiges Olivenöl

① Die Burgerbrötchen zubereiten.

② Den Backofen auf 200 °C Ober-/Unterhitze vorheizen.

③ Die Rote Bete mit dem Frischkäse in ein hohes Gefäß geben, mit einem Pürierstab pürieren und mit Salz und Pfeffer würzen.

④ Den Salat waschen und trocken schleudern. Die Gurke waschen und in dünne Scheiben schneiden.

⑤ Den Koriander grob hacken. Den Tofu grob würfeln und zusammen mit dem Koriander, dem Mandelmus, der Sojasauce, dem Zitronensaft, dem Cayennepfeffer und dem Kreuzkümmel fein pürieren. Mit Salz und Pfeffer würzen. 100 g Haferflocken unterrühren. Das Öl in einer großen Pfanne erhitzen. Die Tofumasse zu 12 Nuggets formen, jedes in den restlichen Haferflocken wälzen, dann ca. 4 Minuten von jeder Seite anbraten.

⑥ Die Brötchen halbieren, mit der Schnittfläche nach oben auf ein Backblech legen und im heißen Backofen ca. 4 Minuten toasten. Die Burgerbrötchen mit den Zutaten belegen, mit Petersilie garnieren und servieren.

MUMBAI-
Burger

FÜR 4 PORTIONEN

4 Burgerbrötchen
→ siehe Rezepte auf Seite 47–51
8 große Blätter Kopfsalat
½ Bund Petersilie

Paprikadip

3 EL Ajvar
3 EL Joghurt

Mangowürfel

1 kleine Mango
2 rote Zwiebeln
1 rote Chilischote
100 ml Gemüsebrühe
2 EL Honig
1 TL Currypulver

Gebratener Staudensellerie

200 g Staudensellerie
1 Knoblauchzehe
2 EL hochwertiges Olivenöl
grobes Meersalz
frisch gemahlener schwarzer Pfeffer

Lammpattys

600 g Lammlachse
Salz
frisch gemahlener schwarzer Pfeffer
2 EL hochwertiges Olivenöl

① Die Burgerbrötchen zubereiten.

② Den Backofen auf 200 °C Ober-/Unterhitze vorheizen.

③ Den Salat waschen und trocken schleudern. Den Ajvar mit dem Joghurt verrühren.

④ Die Mango schälen, das Fruchtfleisch vom Kern schneiden und klein würfeln. Die Zwiebeln schälen, halbieren und in feine Streifen schneiden. Die Chili in dünne Ringe schneiden und zusammen mit der Mango, den Zwiebeln, der Gemüsebrühe, dem Honig und dem Curry in einen Topf geben und ca. 3 Minuten leicht köcheln lassen.

⑤ Den Staudensellerie schälen, in ca. 5 cm lange Stücke schneiden, diese dann der Länge nach in Streifen schneiden. Den Knoblauch schälen und fein hacken. 2 EL Olivenöl in einer Pfanne erhitzen und den Knoblauch und den Sellerie darin anbraten. Mit Salz und Pfeffer würzen.

⑥ Die Lammlachse waschen, trocken tupfen und durch einen Fleischwolf drehen. Falls kein Fleischwolf vorhanden ist, das Fleisch sehr fein würfeln. Das Fleisch mit Salz und Pfeffer würzen. Aus dem Hackfleisch vier gleich große Pattys formen. 2 EL Öl in einer großen Pfanne erhitzen und die Pattys darin von jeder Seiten ca. 4 Minuten anbraten.

⑦ Die Brötchen halbieren, mit der Schnittfläche nach oben auf ein Backblech legen und im heißen Backofen ca. 4 Minuten toasten. Die Petersilie waschen, trocken tupfen und grob hacken. Die Burgerbrötchen mit den Zutaten belegen, mit Petersilie garnieren und servieren.

CALF
in the Woods

FÜR 4 PORTIONEN

Burgersauce ➟ siehe Rezept auf Seite 61
4 Burgerbrötchen ➟ siehe Rezepte auf Seite 47–51
80 g Feldsalat

Champignons

160 g Champignons
80 g in Essig eingelegte Kapernäpfel
1 Zwiebel
2 Stiele Rosmarin
1 EL Rapsöl
grobes Meersalz
frisch gemahlener schwarzer Pfeffer

Kalbspattys

600 g Kalbsschnitzel
Salz
frisch gemahlener schwarzer Pfeffer
2 EL Rapsöl

① Die Burgersauce und die Burgerbrötchen zubereiten.

② Die Champignons putzen und in Scheiben schneiden. Die Kapern abtropfen und halbieren. Die Zwiebel schälen und fein würfeln. Die Rosmarinnadeln vom Stiel zupfen und grob hacken. Den Feldsalat putzen, waschen und trocken schleudern.

③ Den Backofen auf 160 °C Ober-/Unterhitze vorheizen.

④ Die Kalbsschnitzel waschen, trocken tupfen und durch einen Fleischwolf drehen. Falls kein Fleischwolf vorhanden ist, das Fleisch sehr fein würfeln. Das Fleisch mit Salz und Pfeffer würzen. Aus dem Hackfleisch vier gleich große Pattys formen. 2 EL Öl in einer großen Pfanne erhitzen und die Pattys darin von jeder Seite ca. 4 Minuten anbraten. Die Pattys herausnehmen und auf ein mit Backpapier ausgelegtes Backblech legen.

⑤ Die Brötchen halbieren und mit auf das Backblech legen. Beides im heißen Backofen ca. 6 Minuten zu Ende garen bzw. toasten.

⑥ In der Zwischenzeit 1 EL Öl in einer Pfanne erhitzen, die Champignons und die Zwiebeln darin ca. 3 Minuten scharf anbraten. Den Rosmarin und die Kapern zugeben. Mit Salz und Pfeffer würzen.

⑦ Die Burgerbrötchen mit allen Zutaten belegen und servieren.

VOLLKORN-
Brötchen

FÜR 4 BRÖTCHEN

150 ml + 3 EL lauwarme Milch
15 g brauner Vollrohrzucker
5 g Salz
½ Würfel frische Hefe
300 g Weizenvollkornmehl
1 Ei + 1 Eigelb
45 ml hochwertiges Olivenöl
2 EL Sesam oder andere Körner/
Kerne nach Belieben

①～ 150 ml lauwarme Milch mit dem Zucker und dem Salz verrühren. Die Hefe hineinbröseln. Das Mehl, das Ei und das Öl in eine Rührschüssel geben. Wenn die Hefe in der Milch aufgelöst ist, die Mischung mit in die Rührschüssel geben und alles zu einem gleichmäßigen Teig verkneten. Den Teig mit einem Küchentuch abdecken und an einem warmen Ort mindestens 30 Minuten gehen lassen

②～ Den Teig zu vier gleich großen Teigkugeln formen und auf ein mit Backpapier ausgelegtes Backblech legen. Abdecken und nochmals 30 Minuten an einem warmen Ort gehen lassen.

③～ Den Backofen auf 200 °C Ober-/Unterhitze vorheizen.

④～ Die Teigkugeln mit der Handfläche etwas platt drücken. 3 EL Milch und das Eigelb miteinander verquirlen. Mit einem Backpinsel die Eiermilch auf die Teigkugeln streichen. Mit Sesam oder anderen Körnern und Kernen bestreuen und 16–18 Minuten backen.

⑤～ Vor dem Servieren die Brötchen halbieren und auf dem Toaster, dem Grill oder im Backofen anrösten.

Alle drei Brötchensorten in diesem Buch lassen sich je nach Lust und Laune mit verschiedenen Toppings aufpeppen, z.B. Röstzwiebeln, Kräuter, Nüsse, Chiasamen, Hanfsamen etc.

Roggen-Joghurt-
B R Ö T C H E N

FÜR 4 BRÖTCHEN

½ TL Salz
½ EL Vollrohrzucker
100 ml lauwarmes Wasser
1 Würfel Hefe
1 Ei + 1 Eigelb
150 g Joghurt (3,5 % Fett)
250 g Roggenmehl
150 g Weizenvollkornmehl
3 EL Milch
Sesam oder andere Körner/
Kerne zum Bestreuen

① Das Salz und den Zucker mit dem lauwarmen Wasser verrühren. Die Hefe hineinbröseln. Das Ei und den Joghurt miteinander verrühren und zusammen mit dem Mehl in eine große Rührschüssel geben. Wenn die Hefe aufgelöst ist, die Mischung mit in die Rührschüssel geben und alles zusammen zu einem gleichmäßigen Teig kneten. Abgedeckt an einem warmen Ort mindestens 30 Minuten gehen lassen.

② Den Teig zu vier gleich großen Teigkugeln formen und auf ein mit Backpapier ausgelegtes Backblech legen. Abdecken und nochmals 30 Minuten an einem warmen Ort gehen lassen.

③ Den Backofen auf 200 °C Ober-/Unterhitze vorheizen.

④ Die Teigkugeln mit der Handfläche etwas platt drücken. Die Milch und das Eigelb miteinander verquirlen. Mit einem Backpinsel die Eiermilch auf die Teigkugeln streichen. Nach Belieben mit Sesam oder anderen Körnern und Kernen bestreuen und 16–18 Minuten backen.

⑤ Vor dem Servieren die Brötchen halbieren und auf dem Toaster, dem Grill oder im Backofen anrösten.

LOW-CARB-
Burger-Brötchen

FÜR 8 STÜCK, ALSO 4 BRÖTCHEN

100 g Chiasamen
150 g Eiweißpulver
1 Pck. Backpulver
½ TL Salz
200 g Joghurt
2 Eier
250 ml Wasser

① Die Chiasamen, das Eiweißpulver, das Back-pulver und das Salz in eine große Rührschüssel geben und vermischen.

② Den Joghurt, die Eier und 250 ml Wasser in eine weitere Schüssel geben. Mit einem Mixer glatt rühren. Die flüssigen Zutaten zu den trockenen geben, mit dem Mixer glatt rühren. Den Teig abgedeckt im Kühlschrank mindestens 1 Stunde quellen lassen.

③ Den Backofen auf 180 °C Ober-/Unterhitze vor-heizen.

④ Ein Backblech mit Backpapier auslegen. Den Teig halbieren und die erste Hälfte als vier gleich große Teigkleckse auf das Backpapier geben. Im Backofen ca. 15–20 Minuten goldbraun backen. Dann den Vorgang mit der zweiten Teighälfte wiederholen.

⑤ Vor dem Servieren die Brötchen auf dem Toaster, dem Grill oder im Backofen anrösten.

ACHTUNG Da diese Brötchen relativ dünn sind, werden hier Ober- und Unterteil separat gebacken, d.h. für 4 Brötchen werden 8 Teile gebacken.

Rote-Bete-Chips
mit GUACAMOLE

FÜR 4 PORTIONEN ALS BEILAGE

Rote-Bete-Chips

8 mittelgroße Rote-Bete-Knollen
grobes Meersalz
frisch gemahlener schwarzer Pfeffer

Guacamole

2 Tomaten
1 reife Avocado
Salz
frisch gemahlener schwarzer Pfeffer
Saft von ½ Zitrone
4–6 Stiele Koriander

① Den Backofen auf 150 °C Ober-/Unterhitze vorheizen.

② 3 Backbleche mit Backpapier auslegen. Die Rote Bete schälen und, wenn möglich, auf einer Aufschnittmaschine (sonst mit einem Messer) in ca. 1 mm dünne Scheiben schneiden. Auf die mit Backpapier ausgelegten Backbleche verteilen. Die Scheiben sollen nicht übereinander liegen. Im Ofen ca. 50 Minuten kross backen. Nach dem Backen mit Salz und Pfeffer würzen.

③ In der Zwischenzeit eine Guacamole vorbereiten. Die Tomaten waschen, vierteln und die Kerne entfernen. Das Tomatenfruchtfleisch in Würfel schneiden. Die Avocado halbieren. Den Kern entfernen und das Fruchtfleisch aus der Schale lösen. Die Avocado in einer Schüssel mit einer Gabel grob zerdrücken. Mit Salz, Pfeffer und Zitronensaft abschmecken. Die Tomatenwürfel zugeben. Den Koriander waschen, die Blättchen vom Stiel zupfen, hacken und ebenfalls zur Avocado geben.

④ Die Chips als Beilage mit der Guacamole servieren.

ROSMARIN-OFENKARTOFFELN

FÜR 4 PORTIONEN ALS BEILAGE

800 g festkochende Kartoffeln
2 EL hochwertiges Olivenöl
grobes Meersalz
frisch gemahlener schwarzer Pfeffer
Paprika edelsüß
5–6 Zweige Rosmarin

① Den Backofen auf 200 °C Ober-/Unterhitze vorheizen.

② Die Kartoffeln gründlich waschen, gut trocken reiben und je nach Größe vierteln oder sechsteln. Die Kartoffeln in eine Schüssel geben. Mit Öl beträufeln und mit Salz, Pfeffer und Paprika würzen. Die Rosmarinnadeln vom Stiel zupfen, grob hacken und zu den Kartoffeln geben. Alles gut miteinander vermengen.

③ Die Kartoffeln auf einem mit Backpapier ausgelegten Backblech verteilen und im Backofen ca. 25 Minuten backen.

OFEN-SÜSSKARTOFFELN *mit* THYMIAN

FÜR 4 PORTIONEN ALS BEILAGE

800 g Süßkartoffeln
2 EL hochwertiges Olivenöl
grobes Meersalz
frisch gemahlener schwarzer Pfeffer
Paprika rosenscharf
8–10 Zweige Thymian

① Den Backofen auf 200 °C Ober-/Unterhitze vorheizen.

② Die Süßkartoffeln schälen und in ca. 1 cm dicke Streifen schneiden. In eine Schüssel geben, mit Öl beträufeln und mit Salz, Pfeffer und Paprika würzen. Die Thymianblättchen vom Stiel zupfen und zu den Süßkartoffeln geben. Alles gut miteinander vermengen.

③ Die Kartoffelstreifen auf einem mit Backpapier ausgelegten Backblech verteilen und im Backofen ca. 25 Minuten backen.

KRÄUTERQUARK

FÜR 4 PORTIONEN

1 Knoblauchzehe
1 kleine rote Zwiebel
½ Bund gemischte weiche Kräuter (z.B. glatte Petersilie, Schnittlauch)
250 g Quark
Salz
frisch gemahlener schwarzer Pfeffer

① Den Knoblauch und die Zwiebel schälen, beides sehr fein hacken.

② Die Kräuter ebenfalls fein hacken und alles mit dem Quark verrühren. Mit Salz und Pfeffer abschmecken und bis zum Servieren kalt stellen.

Joghurt-
COLESLAW

FÜR 4 PORTIONEN ALS BEILAGE

150 g saure Sahne
150 g Joghurt
½ EL Honig
2 EL Weißweinessig
Salz
frisch gemahlener schwarzer Pfeffer
2 kleine Karotten
300 g Weißkohl
5 Cornichons
3 Frühlingszwiebeln
rote und grüne Shiso-Kresse

① Die saure Sahne mit dem Joghurt, dem Honig und dem Essig zu einer Sauce rühren. Mit Salz und Pfeffer würzen. Die Karotten schälen.

② Die Karotten, den Weißkohl und die Cornichons in sehr feine Streifen schneiden und zur Sauce geben. Die Frühlingszwiebeln waschen, trocken tupfen, in feine Ringe schneiden und auch zur Sauce geben. Alles gut miteinander vermengen und mindestens 1 Stunde abgedeckt kalt stellen.

③ Vor dem Servieren nochmals mit Salz und Pfeffer abschmecken. Mit Kresse garnieren und servieren.

Gegrilltes GEMÜSE
mit Chili-Knoblauch-Kräuter-Öl

FÜR 4 PORTIONEN ALS BEILAGE

Chili-Knoblauch-Kräuter-Öl
1 Knoblauchzehe
1 Bund gemischte Kräuter
(z.B. Rosmarin, Thymian, glatte Petersilie,
Basilikum)
100 ml hochwertiges Olivenöl
1 kleine rote Chilischote
Salz
frisch gemahlener schwarzer Pfeffer

Gemüse
½ Blumenkohl oder 4 Baby-Blumenkohl
Salz
200 g Kräuterseitlinge
1 Aubergine
2 Maiskolben, gekocht und vakuumiert
Baby-Zucchini
frisch gemahlener schwarzer Pfeffer

① Für das Öl die Knoblauchzehe schälen und hacken. Die Kräuter waschen, trocken tupfen, vom Stiel zupfen und grob hacken. Die Kräuter zusammen mit dem Knoblauch und dem Öl in ein hohes Gefäß geben und mit einem Pürierstab pürieren. Die Chili in feine Ringe schneiden und zum Öl geben. Mit Salz und Pfeffer abschmecken.

② Einen Topf mit Salzwasser zum Kochen bringen. Den Blumenkohl putzen, in kleine Röschen schneiden und in kochendem Salzwasser ca. 5 Minuten bissfest garen. Die Kräuterseitlinge putzen. Das restliche Gemüse waschen und trocken tupfen. Die Aubergine der Länge nach in ca. 0,5 cm dicke Scheiben schneiden und von beiden Seiten leicht salzen. Die Maiskolben in ca. 3–4 cm dicke Scheiben schneiden. Die Zucchini und die Kräuterseitlinge der Länge nach halbieren.

③ Das Gemüse auf einem heißen Grill oder in einer heißen Grillpfanne ohne Fett ca. 3 Minuten von jeder Seite grillen. Nach dem Grillen mit Salz und Pfeffer würzen und mit dem Chili-Knoblauch-Kräuter-Öl beträufeln.

Man kann natürlich auch andere Gemüsesorten verwenden. Zum Beispiel passen hier auch sehr gut Paprika, grüner Spargel und Champignons.

TOMATEN-KETCHUP

FÜR CA. 750 ML

¼ Bund Thymian
1 kg Tomaten
250 g rote Paprika
100 g Staudensellerie
100 g Zwiebeln
1 Knoblauchzehe
2 EL Salz
8 EL Honig
200 ml Balsamico Bianco
2 EL Speisestärke

① Die Thymianblättchen vom Stiel zupfen. Die Tomaten und die Paprika waschen, trocken tupfen, den Strunk und die Kerne entfernen. Beides grob würfeln. Den Staudensellerie putzen und in Scheiben schneiden. Die Zwiebeln und den Knoblauch schälen und grob hacken.

② Alle Zutaten bis auf die Speisestärke in einen Topf geben und aufkochen. Ca. 30 Minuten leicht köcheln lassen. Dann mit einem Pürierstab pürieren, durch ein feines Sieb passieren und nochmals aufkochen.

③ Die Speisestärke mit 4 EL kaltem Wasser verrühren und für die Konsistenz in das kochende Ketchup rühren. Nochmals ca. 5 Minuten köcheln lassen. Das Ketchup noch heiß in sterile Flaschen oder Gläser füllen und verschließen. Hält sich ungeöffnet ca. 3 Wochen im Kühlschrank.

Homemade
BBQ-SAUCE

FÜR CA. 300 ML

2 EL Worcestershiresauce
2 EL brauner Vollrohrzucker
300 g Ketchup ➝ siehe Rezept links
1 TL scharfer Senf
2 EL geräuchertes Paprikapulver
1 EL Zitronensaft

① Für die BBQ-Sauce alle Zutaten in einen Topf geben und ca. 10 Minuten leicht köcheln lassen. Häufig rühren, da die Sauce schnell ansetzt.

② Die BBQ-Sauce noch heiß in sterile Flaschen oder Gläser füllen und verschließen. Hält sich ungeöffnet ca. 3 Wochen im Kühlschrank.

GROBER SENF

FÜR CA. 500 ML

100 g Senfsamen
200 ml Apfelsaft
120 g brauner Vollrohrzucker
200 ml Balsamico Bianco
50 g Senfpulver

①⌇ Die Senfsamen in einem Mörser oder in einer Küchenmaschine grob zermahlen. Den Saft, den Zucker und den Balsamico in einen Topf geben und zum Kochen bringen.

②⌇ In eine Schüssel füllen, etwas abkühlen lassen, dann die gemahlenen Körner und das Senfpulver unterrühren. Alles zusammen pürieren, in sterile Gläser füllen und verschließen. 24 Stunden ziehen lassen. Hält sich im Kühlschrank einige Wochen.

WÜRZIGE BURGER-SAUCE
aus grobem Senf

FÜR 4 PORTIONEN

1 rote Zwiebel
1 Knoblauchzehe
4 Cornichons
½ Bund Schnittlauch
150 g grober Senf ➛ *siehe Rezept links*
150 g saure Sahne
1 Spritzer Zitronensaft
Salz
frisch gemahlener schwarzer Pfeffer

①⌇ Die Zwiebel und den Knoblauch schälen und beides sehr fein hacken. Die Cornichons in feine Würfel schneiden. Den Schnittlauch in dünne Röllchen schneiden.

②⌇ Alle Zutaten miteinander verrühren, mit Salz und Pfeffer abschmecken. Hält sich im Kühlschrank ca. 4 Tage.

LEICHTE MAYONNAISE
mit Joghurt

FÜR CA. 200 ML

1 frisches Eigelb
½ TL mittelscharfer Senf
Saft von ¼ Zitrone
Salz
frisch gemahlener schwarzer Pfeffer
50 ml Rapsöl
50 ml hochwertiges Olivenöl
100 g Joghurt (1,5 %)

Das Eigelb mit dem Senf, dem Zitronensaft
sowie Salz und Pfeffer verrühren. Das Öl
erst tröpfchenweise, dann langsam in einem
dünnen Strahl hineinfließen lassen.
Den Joghurt unterrühren. Abdecken und bis
zum Servieren kalt stellen. Die Mayonnaise
wegen des frischen Eigelbs noch am gleichen
Tag verzehren.

Geräucherte
PAPRIKA-MAYONNAISE

FÜR CA. 200 ML

½ TL geräuchertes Paprikapulver
200 ml Mayonnaise ➛ *siehe Rezept auf dieser Seite*

Das Paprikapulver mit der Mayonnaise
verrühren.

Leichte
WASABI-MAYONNAISE

FÜR CA. 200 ML

½ TL Wasabipaste
200 ml Mayonnaise ➛ *siehe Rezept auf dieser Seite*

Die Wasabipaste mit der Mayonnaise
verrühren.

Leichte
CURRY-INGWER-MAYONNAISE

FÜR CA. 200 ML

1 kleines Stück Ingwer
1 TL Currypulver
200 ml Mayonnaise ➛ *siehe Rezept auf dieser Seite*

Den Ingwer schälen und auf einer Reibe
fein reiben. Den Ingwer und das Curry mit der
Mayonnaise verrühren.

Leichte
KNOBLAUCH-MAYONNAISE

FÜR CA. 200 ML

2 Knoblauchzehen
200 ml Mayonnaise ➛ *siehe Rezept auf dieser Seite*

Den Knoblauch schälen, zu einem sehr
feinen Brei hacken und mit der frischen
Mayonnaise verrühren.

Register